AF249721

Ch. Eisen Inv.
De Longueil Sculp.

LETTRE
DE L'ABBÉ DE RANCÉ
A UN AMI,

Écrite de son Abbaye de la Trappe.

Par M. BARTHE,

De l'Académie des Belles-Lettres de Marseille.

IMPRIMÉ A GENEVE,

Et se trouve

A PARIS,

Chez {

DUCHESNE, Libraire, rue Saint-Jacques, au-dessous de la Fontaine Saint-Benoît, au Temple du Gout.

ET

PANCKOUKE, Libraire, rue & à côté de la Comédie Françoise, au Parnasse.

1765.

ON attribue la converſion du fameux Abbé DE RANCÉ à la mort de Madame la Ducheſſe de M*** qu'il aimoit. Il venoit de paſſer pluſieurs jours à la campagne; il ignoroit que cette Dame fût morte; il entre chez elle dans la nuit par un eſcalier dérobé. Le premier objet qu'il apperçoit, eſt un cercueil qui renfermoit le corps de ſon Amante: elle étoit morte en trois jours de la petite vérole. Comme on devoit la tranſporter dans le tombeau de ſes Peres, on avoit fait faire un cercueil de plomb; mais ce cercueil s'étant trouvé trop court, il avoit fallu ſéparer la tête du reſte du corps. Frappé d'un événement ſi terrible, l'Abbé DE RANCÉ renonça dès ce moment au monde. Il ſe retira à la Trappe, où il fit la Réforme la plus auſtere. C'eſt delà qu'il écrit à un Ami qui voyage en Italie, & qui ignore ſon aventure.

Quelques Ouvrages publiés depuis peu ſur la Trappe, ont paru à l'Auteur une occaſion favorable de donner le ſien, fait depuis long-tems.

EXPLICATION DES FIGURES.

ESTAMPE.

L'Abbé de Rancé, en entrant dans la chambre de fa Maîtreffe, a vu un cercueil au bas de fon lit & dans ce cercueil un corps fans tête. Il s'eft avancé vers une table fur laquelle étoit étendu un voile fanglant. Il leve ce voile, reconnoît la tête de fon Amante, & recule d'horreur. Cette fcene fe paffe dans la nuit.

VIGNETTE.

Seul dans fa cellule il écrit en pleurant. L'Amour lui préfente le portrait de fa Maîtreffe. Cet Amour qui fourit eft porté fur une tête de mort, & placé entre le Réformateur de la Trappe & un Crucifix.

CUL-DE-LAMPE.

Le Cul-de-Lampe repréfente un tombeau fur lequel eft un faifceau en pyramide, formé de l'arc de l'Amour, de fon flambeau renverfé, d'une difcipline & d'une cloche. Aux deux côtés du tombeau eft une efpece de berceau formé de branches de cyprès; au-deffous, une tête de mort furmontée d'un fablier. Cette tête de mort a deux offemens en fautoir, avec la bêche dont il eft parlé dans la Lettre, & un flambeau fépulcral. Au-deffous de la tête, dans le bas, eft un cœur percé de deux fléches.

L'ABBÉ DE RANCÉ,

DE SON ABBAYE DE LA TRAPPE,

A UN AMI.

Ton cœur va se glacer de surprise & d'effroi.
Mon ami, c'en est fait; tout est changé pour moi.
Tu me crois égaré dans cette Ville immense
Qu'habitent les plaisirs, les arts & l'opulence;
Je vis dans un désert. Conforme à mon malheur,
Le deuil de la nature y flatte ma douleur.
Sous les regards d'un Dieu, sous sa main menaçante
Je pleure mes erreurs . . . & celles d'une amante.
Ecoute. Tu connus cette jeune beauté
Qu'embellissoient l'esprit, les graces, la gaîté,

A

Qui dans l'âge bouillant des paffions humaines,
Sentoit leurs premiers feux circuler dans fes veines ;
D'une illuftre famille & l'orgueil & l'efpoir :
Eh ! bien , mon cœur charmé brûloit de la revoir.
Je devançois une heure au plaifir confacrée ;
Je volois dans les bras d'une femme adorée ;
Même elle avoit fixé l'heure , le lieu , le jour.
Hélas ! je me croyois attendu par l'amour.
J'arrive ; il étoit nuit. Tout palpitant de joie ,
Je retrouve dans l'ombre une fecrete voie.
J'entre ; tout fe taifoit : je la cherche de l'œil ;
Soudain , près de fon lit , j'apperçois un cercueil.
Je m'arrête… j'y cours , & d'un regard avide…
Dieu ! je vois un corps pâle , inanimé , livide ;
Ce corps étoit fans tête ; & mon œil égaré
Ne trouve , en la cherchant , qu'un tronc défiguré.
Tout à coup , fur un marbre une toile étendue ,
Nouvel objet d'horreur , fe préfente à ma vue.
Je quitte le cercueil , j'approche épouvanté ,
Je fouleve en tremblant ce voile enfanglanté.
Ah ! puis-je retracer cette image effrayante ?
C'étoit fa tête , ami , la tête d'une amante.

O toi , toi que j'aimai dès nos plus jeunes ans ,
Qui vis naître des feux fur mon cœur trop puiffans ,

Toi, dont l'œil ébloui m'envioit tant de charmes,
N'entends-tu pas mes cris ? Ne vois-tu point mes larmes ?
Me vois-tu, tour à tour, enflammé, sans couleur,
Frémissant d'épouvante, & muet de douleur ?
Je la reconnoissois cette beauté flétrie.
J'ignorois si le fer avoit tranché sa vie.
J'allois, j'errois, tantôt sur sa tête penché,
Tantôt, près du cercueil en silence attaché.
Que de fois j'embrassai ce déplorable reste !
Je voulus me plonger dans ce cercueil funeste ;
Et, près d'elle vivant, la suivre chez les morts.
J'entends du bruit ; ce bruit arrête mes efforts.
Je crus qu'on s'avançoit vers ce toit solitaire.
A des yeux indiscrets je songe à me soustraire ;
Et la crainte & l'honneur précipitent mes pas.
Je conservai sa gloire en pleurant son trépas.
Tremblant, je m'échappai d'un lieu plein de son ombre.
Les étoiles encor brilloient dans la nuit sombre.
Je fuis vers ma demeure, éperdu, tourmenté :
La tête & le cercueil erroient à mon côté.

Là, tombant à genoux devant l'Etre suprême,
Je m'écriai cent fois : pardonne à ce que j'aime ;
Par mes cris, par mes pleurs laisse-toi désarmer.
Ce cœur sensible, ô Dieu ! fut digne de t'aimer.

Cher ami, conçois-tu ce doute si terrible?
Partout il me poursuit. Dès lors, d'un voile horrible
Les plus riants objets pour moi furent couverts :
Sa mort d'un crêpe épais m'obscurcit l'univers.

S'il existoit un lieu hors du globe où nous sommes,
Où séparé de tout, & du bruit, & des hommes,
Un mortel isolé pût seul & sans secours,
Traîner obscurément la chaîne de ses jours ;
Oui, c'est là qu'échappé loin des bornes du monde,
J'aurois porté mes cris & ma douleur profonde.

Dieu ! tu me réservois pour un autre destin.
Bientôt, à ce grand coup, je reconnus ta main.
Tu daignas m'éclairer d'une céleste flamme.
Je n'apperçus alors que mon Dieu, que mon ame,
Et de l'éternité les tristes profondeurs.
Je vis dans les mortels jouets de mille erreurs,
Des enfants amusés par de vaines délices,
Qui tomboient, en jouant, au fond des précipices,
Je reculai, saisi des frayeurs de la mort,
Je retombai sur moi, je contemplai mon sort.
Je voulus désarmer la céleste vengeance,
De ce cœur sans appui remplir le vuide immense,
Dire aux miens, à la terre un éternel adieu :
Je n'avois plus d'amante ; il me fallut un Dieu.

Je vins chercher de loin cette retraite obfcure;
Et moi, qui dans Paris évitant la nature,
De l'ennui dans les champs redoutois les langueurs,
De ce défert alors j'embraffai les horreurs.
Des charmes inconnus ici me confolérent.
Ces arbres, ces étangs, ces rochers me parlérent.

Là, vivoient des mortels confiés à mes foins.
Là, de nouveaux excès mes yeux furent témoins.
Egarés comme moi, tous ces mortels coupables
Oublioient des ferments & des loix redoutables.
L'afyle des autels, de vices infecté,
Redemandoit en vain l'auftère piété.
Que l'exemple eft puiffant ! Mon zéle dans leurs ames
Ralluma des vertus les dévorantes flammes.
Pour nous la pénitence étale fes rigueurs.
J'ai dompté la nature & fait de nouveaux cœurs.
Un pain noir & groffier, de fauvages racines
De nos corps fatigués foutiennent les ruines.
Le jour, la bêche en main, nous cultivons les champs.
Dans le Temple, la nuit, nous uniffons nos chants.
O ! fi tu viens jamais nous voir & nous entendre,
Ton cœur d'un doux tranfport ne pourra fe défendre.
Qui ne s'attendriroit aux chants harmonieux,
Du fein de l'ombre épaiffe élancés vers les Cieux,

Au spectacle touchant de mes saints solitaires,
Avec crainte & respect baissant leurs fronts austères ?
D'une lampe de bois le Temple est éclairé.
L'or n'étincèle point dans ce séjour sacré ;
Mais il réside un Dieu sous ces voûtes antiques.
Les saints gémissements, les célestes cantiques,
Et de l'airain sacré le son religieux,
Se font entendre seuls dans ces sauvages lieux.
Tandis qu'autour de nous les rois troublent le monde,
Nous vivons, nous mourons dans une paix profonde.

Mais que dis-je ? Est-ce à moi d'oser nommer la paix,
Moi que poursuit ici l'horreur de mes forfaits,
Moi qui crains mon amante & qu'un feu lent dévore,
Moi que même souvent Paris séduit encore ?
Son bruit tumultueux retentit dans mes bois.
Dans ce vaste Paris, c'est elle que je vois ;
C'est elle que j'entends ; je lui parle, l'appelle ;
Ces jardins si connus, j'y revole auprès d'elle.
Elle embellit encor les Fêtes & les jeux,
Où brilloit sa beauté, charme de tous les yeux.
Jusqu'au sein du repos sa beauté me tourmente.
Des songes imposteurs me peignent mon amante.
Ma courageuse main ose la repousser :
Elle, d'un œil riant, revient me caresser.

Je m'éveille en furfaut : à travers les ténèbres,
Pour l'éviter, je cours dans nos réduits funèbres ;
Je defcends dans nos bois ; j'y brave les frimats ;
Les glaçons endurcis réfonnent fous mes pas.
Ciel ! parmi ces horreurs, je la revois encore.
Alors, n'efpérant plus qu'à ce Ciel que j'implore,
Je perce du lieu faint la fombre profondeur,
Du Dieu qui le remplit je reffens la grandeur,
Seul, dans l'obfcurité que fon regard éclaire,
Je m'avance, à pas lents, jufques au Sanctuaire ;
Je roule un corps tremblant aux marches de l'autel,
Et je cherche un afile au fein de l'Eternel.
O Dieu ! fans ton appui, quelle eft notre foibleffe !
Tout, jufqu'aux chants divins, réveille ma tendreffe :
Mon cœur s'ouvre & s'émeut à ces pieux accens.
Dans le Temple, entouré de fpectres pâliffans,
De vifages flétris & fillonnés de larmes,
Ami, le croirois-tu ? je retrouve fes charmes.
Malheureux ! veux-tu voir ce vifage fi beau ?
Vois-le donc tel qu'il eft dans l'horreur du tombeau.

Hé ! que m'importe enfin cette cendre infenfible ?
Son ame, hélas !... fon ame !... ô fouvenir horrible !
Ses crimes font les miens. Dieu ! l'en punirois-tu ?
C'eft moi qui de cette ame ai banni la vertu.

Dieu me permet de vivre & frappe fa jeuneſſe.
Penſes-tu que ce Dieu pardonne à ſa foibleſſe?
Le dirai-je? Peut-être, au ſéjour des heureux,
Je ſerois tourmenté de ſon ſupplice affreux.
Je crois la voir, traînant tout l'enfer après elle,
Crier : tremble à ton tour, tu m'as fait criminelle.
Et je ferme l'oreille à ſes cris menaçans !
Et ce tableau cruel ne dompte pas mes ſens !
Elle ſouffre par moi, me maudit, & je l'aime !
Du moins l'amour ſe mêle à ma piété même.
Chacun ici ſans doute a des droits ſur mon cœur;
Mais ceux de qui l'amour fit auſſi le malheur,
J'éprouve, à leur aſpect, un charme involontaire :
Ils aimérent; j'aimai : mon penchant les préfère.

Eh ! bien, ſombres forêts qu'habite la terreur,
Vieux rocs, monts hériſſés, redoublez votre horreur.
Qu'il ne ſoit plus pour moi de fleurs ni de verdure,
Qu'un éternel hiver m'attriſte la nature.
O ! que ne puis-je errer dans des antres profonds,
N'entendre qu'un torrent tombant du haut des monts,
Les cris des noirs oiſeaux, ou le bruit des tempêtes
Courbants d'antiques pins & fracaſſants leurs têtes !
Ami, je ne ſuis plus; je meurs dans le remord.
Je ne vois, je n'entends, n'appelle que la mort.

Tous les jours, préparant un afyle à ma cendre,
Mes mains creufent la terre où mon corps doit defcendre.
Je m'occupe de l'heure où j'y ferai caché.
Je mefure l'efpace où je ferai couché.
Autour de moi déja j'entends prier mes frères ;
Déja, je vois fumer les flambeaux funéraires.
Hélas ! tu te fouviens de ce riant féjour,
Qu'autrefois dans Paris je formai pour l'amour.
O mon ami, je creufe avec bien plus de joie
Cette tombe, où des vers je dois être la proie.

   Dans ce même moment je conçois un deffein.
Sur ma cellule, ami, fe penche un vieux fapin.
Pour former mon cercueil, qu'il tombe fous la hache.
Sur cet objet de mort que mon regard s'attache.
J'oferai quelquefois m'y livrer au fommeil ;
Et, retrouvant la vie à l'heure du réveil,
Je dirai : Là, ces yeux que j'ouvre à la lumiere
Dormiront à jamais, éteints dans la pouffiere.
Ce cercueil me remplit d'un falutaire effroi ;
C'eft lui qu'il faut placer entre une amante & moi.

   Mais toi, tandis qu'ici je m'abreuve de larmes,
L'Italie à tes yeux étale donc fes charmes !
Tu vois avec tranfport ce féjour enchanté
Où foupiroit Tibulle, où Virgile a chanté.

Un air pur, les beaux arts, la touchante harmonie

Amolliſſent ton cœur dans la belle Auſonie.

Ah ! que je crains pour toi ces climats ſéducteurs !

Comme toi je connus tous ces arts corrupteurs ,

Comme toi j'ai ſenti le doux attrait des vices :

Des vertus avec moi viens gouter les délices.

Tu pâlis ; je te vois reculer de terreur ;

Mon déſert t'épouvante. Ah ! quelle eſt ton erreur !

Crois-moi ; mon cœur ici n'ignore point la joie.

Sous nos dômes obſcurs le Ciel ſouvent l'envoie.

Un tourment volontaire a de ſecrets appas.

Chaque jour , vers mon Dieu je m'approche d'un pas.

Ce Dieu par l'eſpérance adoucit mon ſupplice.

Je me plais à ſentir l'aiguillon d'un cilice.

Calme heureux d'un cœur pur, langueurs des ſaints déſirs,

O ! que vous ſurpaſſez les turbulents plaiſirs !

Mais j'apprends qu'un des miens va finir ſa carriere ;

Et je vais l'exhorter à ſon heure derniere.......

Ici l'Abbé de Rancé interrompt ſa Lettre. Il va exhorter un Père de la Trappe mourant ; il revient & continue :

Il n'eſt plus. Mon ami , j'ai vu mourir un Saint.

Quel tableau ! Dans mon cœur long-tems il ſera peint.

C'eſt le premier de nous qui ſuccombant ſous l'âge ,

Ait franchi de la mort le terrible paſſage.

Nous, autour de son corps sur la cendre étendu,
Rassemblés à genoux & le front abattu,
Nous invoquions le ciel : charmé par nos prieres,
Il oublioit la mort en fermant ses paupieres;
Et ses yeux expirans, pleins de sérénité,
Etincelloient du feu de l'immortalité.
Ah ! si telle eût été la fin de mon amante !

Que cette fin terrible, ami, nous épouvante.
Entourés de la mort, voyons par-tout sa main.
Son glaive nous menace ; il frappera demain.
L'eau, l'air, le feu, la terre à nous perdre conspirent.
A l'heure où je t'écris, combien d'hommes expirent,
Ceux-ci dans les grandeurs, ceux-là dans les plaisirs,
Tous surpris par la mort, tous formant des désirs !
Le soleil que bientôt cacheront ces montagnes,
De ses rayons mourans effleure les campagnes.
La nature se tait & l'univers s'endort ;
Redoutable sommeil, image de la mort !

Un jour, nos successeurs, dans ces enclos rustiques,
Peut-être pleureront sur nos cendres antiques.
Quand les mondes croulants sur les mondes usés,
Retentiront du cri de leurs ressorts brisés,
Quand de l'éternité la formidable Aurore,
(Moment peut-être hélas ! qui n'est pas loin encore,)

Jusqu'au fond des tombeaux ira porter le jour;
Quand la mort ici-bas n'aura plus de féjour;
Quand cette tête enfin trop long-tems adorée
Retrouvera ce corps dont elle eft féparée;
C'eft d'ici que tous deux élancés dans les airs,
Nous volerons aux Cieux à nos ames ouverts.

Viens; ta cellule eft prête à côté de la mienne.
Tu foutiendras ma foi; je foutiendrai la tienne.
Viens; d'un monde impofteur quitte la vanité.
Ami, vivons enfemble & pour l'éternité.
Hé! puiffions-nous, vieillis dans la même demeure,
Entrelaffer nos bras glacés à la même heure;
Nous regarder mourants fous le même flambeau;
Viens; je fuis prêt pour toi d'élargir mon tombeau.

Ch. Eisen Inv.   De Longueil Sculp.